外務省
ガイムっち

財務省

文部科学省
モンカ先生

コクどん
国土交通省

環境省
カンきょん

防衛省
ボーエざえもん

いちばんわかる！日本の省庁ナビ 1

政治のしくみ

監修：出雲明子

ポプラ社

いちばんわかる！日本の省庁ナビ1

政治のしくみ

もくじ

第1章 政治ってなんだろう……5

「政治」ってどういうこと？……6
政治とくらしのかかわり……8
国のたいせつなきまり……10
自分たちの代表をえらぶ……14
考えの近い人で団体をつくる……16

政治のしくみ データを見てみよう①……18

第2章 国の政治のしくみ……19

国の仕事をおこなう3つの機関……20
国会の仕事① 代表者が国の方針を話しあう……22
国会の仕事② 2つの議会の役割……24
国会の仕事③ 国会の会議のしくみ……26

内閣の仕事① 内閣のしくみと役割……28
内閣の仕事② 内閣総理大臣と国務大臣って？……30
内閣の仕事③ 国の仕事をおこなう省庁……32
裁判所の仕事① もめごとを解決する裁判所……34
裁判所の仕事② いろいろな裁判所……36

資料ページ
政治のしくみ データを見てみよう②……38

第3章 地方の政治のしくみ……41

自分たちで、まちを運営する……42
地方自治体の議会の役割……44
住民の声を政治にとどける……46
市区町村の役割……48
都道府県の役割……50

資料ページ
政治のしくみ データを見てみよう③……52
政治のしくみ なんでもQ&A……53
政治のこと、もっと知りたいなら……54
さくいん……55

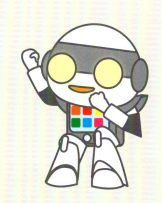

第1章
政治ってなんだろう

「政治」ってどういうこと?

政治ってなんだろう

みんなの願いを実現するしくみ

　みなさんが、毎日のくらしに望むことはなんでしょうか。勉強やスポーツを思いきり楽しみたい。ほしいものをなんでも手に入れたい。みんなで仲よくくらしたい。元気に安心してくらしたい……。だれもが、それぞれの願いや思いをもっているはずです。

　たくさんの人がいろいろな考えをもって生きている社会で、みんなの理想を実現するためには、どうしたらよいのでしょうか。

　大昔、小さな村の中だけで生活していたころ、その社会のルールをきめるのは、経験ゆたかな年長者や、強い力をもつ人でした。しかし、社会の規模が大きくなるにつれて、1人の特別な人がすべてをきめるやり方では、たくさんの人のさまざまな願いを実現することはむずかしくなりました。

その昔

政治ってなんだろう

　そこで、社会のルールをみんなできめるための手順や、それを実行するためのしくみが考え出されました。これが「政治」です。人類は長い年月をかけて、よりたくさんの人の理想のくらしが実現されるよう、政治をととのえてきました。

　政治によって実現されたくらしの例は、身近なところにもたくさんあります。たとえば、わたしたちが学校に通うことも、政治できめられたたいせつな権利です。そのほかにもたくさんのことが、政治がはたす仕事によってもたらされています。

　政治は、どんなことを、どんなふうにきめているのでしょうか。わたしたちがくらす今の日本の政治のしくみやきまりなどについて、学んでいきましょう。

政治とくらしのかかわり

日本には、直接お金をはらわなくても、だれもが公平に受けられる手助けのしくみがあります。だれが、そのようなしくみをつくったのでしょうか。

政治ってなんだろう

だれにでも必要な手助け

学習塾やスイミングスクールで勉強や水泳を習っている人は、月謝（月づきの会費）をはらいますね。いっぽう、同じように勉強や運動を教えてくれるのに、公立の小学校や中学校には、月謝をはらう必要はありません。なぜでしょうか。

公立の小・中学校のように、わたしたちのくらしには、直接にお金をはらわなくても受けられる、くらしの手助けがあります。こうした手助けを「行政サービス」といいます。行政とは、「政治によってきめられたことを実行する」という意味です。

行政サービスは、くらしに必要な手助けが公平にとどくように、政治によってつくられたしくみです。行政サービスに必要な建物・施設などは、住民から集める税金でつくられ、行政サービスのためにはたらく公務員の給料も税金からはらわれます。

行政サービスは、税金を元にして国や県、市などがおこなう、公のサービスなんだ。

行政サービスは、だれにでも平等におこなわれる。

さまざまな行政サービス

行政サービスには、さまざまなものがあります。代表的なものが、市役所や町役場などの役所です。わたしたちの住所や氏名の証明書や、地域の施設の管理などをしています。

公立の小学校や中学校、公立図書館の運営も、行政サービスです。また、事故や病気、事件や火事、災害のときなどに、消防車や救急車、パトカー、自衛隊などが出動するのも行政サービスです。

道路も行政サービスでつくられます。水道の水は利用者が水道料金をはらうので、行政サービスではないように見えますが、水道管をひく工事をおこなうのは行政サービスです。

このように、くらしになくてはならないものの多くが、行政サービスによっておこなわれているのです。

歩道橋のエレベーターなど、だれもが利用しやすい道路や設備をつくるのも、行政サービスの一つ。

政治ってなんだろう

行政サービスの例

氏名や住所の管理

教育の手助け
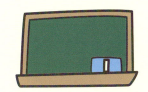

子育ての手助け

ごみ処理

公共施設の運営

道路の整備

> わたしたちのくらしを、さまざまな面で助けてくれているんだね。

国のたいせつなきまり

たくさんの人が一つの国でともに仲よくくらすためには、みんなが守るルールが必要です。そのルールの中で、もっとも重要なものが「憲法」です。

政治ってなんだろう

大事なルール　もっとも重要なルール

　もし、スポーツにルールがなかったら、どうなるでしょうか。サッカーなのに手でボールをもったり、バットをもってプレーをする人がいたりしたら？　ゲームが成立しませんね。そのゲームはサッカーとはよべない競技になってしまうでしょう。

　国にも、スポーツと同じようにルールがあります。たくさんの人がともにくらすためにつくられたそれらのルールは、法律とよばれます。そして、法律の基本となるもっとも重要なものが憲法です。

　憲法は、その国がどんな国であろうとしているのか、国民と国とはどのような関係にあるのかなど、国の基本的な姿勢や、政治のしくみを明らかにしたものです。

サッカーのルールがサッカーという競技の形をつくっているように、憲法というルールが、国の形をつくっているんだね。

憲法 日本の憲法の大事な柱

日本はおよそ80年前に、国がめざす理想の姿を「日本国憲法」に定めました。この日本国憲法には、わたしたち国民が大事にするべき、3つの大きな方針が書かれています。

一つは、「国民主権」です。国のことはだれかが一人できめるのではなく、国民みんなが相談してきめるという方針です。

もう一つは、「基本的人権の尊重」です。一人ひとりの命や幸福にくらす権利を、平等にたいせつにしようという考え方です。

最後の一つは、「平和主義」です。戦争で多くの尊い命や財産をうしなった反省から、戦争をしないことを宣言したのです。

そして日本国憲法には、この憲法が日本でもっともたいせつにされるべきルールであることが記されています。

これだけたいせつな憲法なので、かんたんには内容をかえられないようになっています。国民の代表である国会議員（→15ページ）の3分の2以上の賛成に加えて、18歳以上の国民の投票で過半数の支持を得る必要があるなど、憲法の改正には、とてもきびしい条件がもうけられているのです。

日本国憲法の3つの柱

日本国憲法

- **国民主権**：国民一人ひとりが政治の主人公
- **基本的人権の尊重**：人間が生まれながらにもつ権利をたいせつにする
- **平和主義**：二度と戦争をしない

政治ってなんだろう

どれも同じくらいたいせつなものなんだね。

政治は、憲法に定められた方針にしたがっておこなわれるんじゃ。

国民の権利と義務

　日本国憲法に定められている基本的人権とは、人間が生まれながらにもっていて、だれにもおかすことのできないたいせつな権利のことです。憲法では、思想・学問の自由や言論・集会の自由、個人の尊重や男女の平等など、さまざまな権利を保障しています。

　また、憲法では、権利と同時に、国民がはたさなければならない義務も定めています。子どもに教育を受けさせることは、日本国民のたいせつな義務の一つです。

　憲法に定められたたいせつな権利がうばわれないようにするためには、わたしたち一人ひとりが、おたがいの権利をたいせつにして、大事な義務をはたすように努力していくことがもとめられています。

政治ってなんだろう

国民の権利

思想・学問の自由
言論・集会の自由
教育を受ける権利
はたらく人が団結をする権利
政治に参加する権利
投票箱

ほかに、裁判を受ける権利、仕事についてはたらく権利、住まいや職業を自由にえらぶ権利などが定められている。

国民の義務

子どもに教育を受けさせる義務
仕事についてはたらく義務
税金をきちんとおさめる義務
税務署

政治に参加するということ

日本国憲法が定められる前にも、日本には憲法がありました。しかしその憲法では、日本の主権（国の方針をきめる権利）は、天皇にあると記されていました。

いっぽう現在の日本国憲法では、「国民主権」が定められています。わたしたち国民一人ひとりが国の政治を進める権利をもつ、という考え方です。この考え方にもとづき、わたしたちは自分たちの代表者である国会議員をえらぶことを通して、政治に参加しています。

かつて主権をもっていた天皇は、日本国憲法では、日本という国や国民のまとまりの「象徴」ときめられています。天皇は政治に関する権利はもたず、憲法に定められた「国事行為」という仕事を、国の行政を担当する内閣（→28ページ）の助言と承認を受けておこないます。

天皇がおこなう国事行為の例

・国会の指名にもとづいて、内閣総理大臣を任命する。
・外国の文書を受けとり、大使などをもてなす。
・国会を召集し、開会のことばを述べる。
・憲法改正、法律や外国とのとりきめ（条約）などを公布する。

政治ってなんだろう

平和を追いもとめる

今からおよそ80年前、日本はアメリカや中国をはじめとする国ぐにと戦争をおこないました。その戦争では、多くの人が命を落とし、また、数えきれない人びとのくらしが破壊されました。

このような戦争への反省にもとづいて、日本国憲法には、二度と戦争をしない決意とともに、「外国とのあらそいを武力で解決せず、そのための武力をもたないこと」が記されています。この「平和主義」の方針にもとづいて、自分の国だけでなく国際社会でも平和をきずくために、日本はさまざまな活動をおこなっています。

戦争が終わった8月を中心に、毎年各地で平和について考える行事がひらかれているよ。

広島市で毎年おこなわれる平和祈念式典のようす。

自分たちの代表をえらぶ

政治は、国民のためのものです。しかし、国民全員で話しあいはできないので、代表者をえらびます。国民が政治に参加するため、どのように代表をえらんでいるのでしょうか。

政治ってなんだろう

代表者のえらび方

今、日本には約1億3000万人の国民がいます。お年よりもいれば、赤ちゃんもいます。政治は、そのすべての人びとが幸せにくらすためにおこなわれなければなりません。しかし、なにをきめるにしても、1億3000万人全員で話しあうことはできません。

そこで、日本の政治では、代表者をえらび、その代表者が集まって話しあい、国や地方の政治をおこなうという制度を取り入れています。

その代表者をえらぶ方法が、「選挙」です。代表者になりたい人が立候補し、国民や地域の住民は、候補者の中から代表にふさわしいと思った人をえらんで投票します。選挙は、政治をおこなう人を国民がえらぶことで、国民一人ひとりの考えを政治に反映させることができるしくみなのです。

選挙に立候補する人は、自分の考えを人びとに知ってもらうため、街頭で演説をおこなう。

学校で、クラスの代表をえらぶのと同じようなしくみだよ。

いろいろな選挙

日本では、国の政治について、「国会（→22ページ）」で話しあいます。国会には「衆議院」と「参議院」という2つの議会があり、このメンバーを「国会議員」といいます。わたしたち国民は、選挙を通して国会議員をえらぶことができます。

選挙でえらぶのは、国会議員のような、国のためにはたらく人たちだけではありません。都道府県や市区町村など、地方自治体の長（県知事や市長など）や県議会や市議会などの議員をえらぶのにも、選挙がおこなわれます。

わたしたちは選挙を通して、国の政治や地方の政治に、参加することができるのです。

選挙の種類

一般選挙
- 国政選挙
  - 総選挙：衆議院議員をえらぶ。
  - 通常選挙：参議院議員をえらぶ。
- 地方選挙
  - 統一地方選挙：地方議会の議員や、地方自治体の長をえらぶ。

特別選挙
- 補欠選挙：議員が死亡したり、辞職したりしたときにおこなう。
- 再選挙：当選者が、きまった数にみたないときにおこなう。

政治ってなんだろう

18歳になったら、わたしたちも投票できるんだね。

きめられた日に、投票所に行って投票する。その日つごうが悪い人は、期日前投票といって、事前に投票することもできる。

考えの近い人で団体をつくる

一人ひとりが自分の考え方を主張していると、会議に時間がかかり、選挙で代表をえらぶのにもなやみます。こうした問題を解決するのが「政党」です。

政治ってなんだろう

同じ主張の仲間の集まり

「類は友をよぶ」ということばがあります。似たものどうしが集まる、という意味ですが、政治でも、似た考え方をする人たちが集まって集団をつくります。この集団を「政党」といいます。

政党では、政治について同じような理想をもつ人たちが、自分たちの政治のアイデアをみがきあうことで、よりすぐれた政治をおこなう力をつけることができます。

また、会議の場では、一人ひとりがちがった意見を言いあうより、政党ごとにまとめた意見を交換することで時間を短縮し、会議を効率よくすることができます。

そして、選挙のときも、候補者たちが政党に所属していれば、投票する人も政党ごとの主張を理解すればいいので、えらびやすくなります。

政党には、政治をより質のよいもの、効率のよいものにする効果があるのです。

政党は、政治を個人戦ではなく、団体戦みたいにするんだね。

政党の一つ、「自由民主党」の本部ビル。

条件 政党にも条件がある

どんな集団でも、国の政治にたずさわる政党になれるわけではありません。選挙に関する法律（公職選挙法）では、政党の条件として、5名以上の国会議員が所属していることや、これまでの選挙で2％の票を得た実績があることなどを定めています。政党には、政治をおこなう力が、ある程度もとめられるのです。

さらに、政党にはお金に関するきびしいとりきめもあります。調査や研究、住民との交流といった政治活動にかかるお金を、人から提供してもらう場合には、書類に記録することなどが義務づけられています。

また、お金のある政党とない政党とで、政治活動に不公平がないように、政党には税金からお金（政党交付金）が支給されます。このお金にも、つかいみちを公表することなどのきまりがあります。

政党には、政治をになう集団として国からの援助があるいっぽう、国民や住民の利益につながる正しい政治活動がもとめられているのです。

政党交付金の額（2017年）

自由民主党	176億296万8000円
民進党	78億8506万6000円
立憲民主党	4億3709万3000円
公明党	31億453万8000円
希望の党	5億348万5000円
日本維新の会	10億5966万5000円
自由党	3億7713万1000円
社会民主党	3億9282万2000円
総額	313億6276万8000円

所属する国会議員の数と選挙での得票数によって、金額がきまる。政党交付金を受けとっていない政党もある。　資料：総務省

政治ってなんだろう

書類に記録しない不正なお金のやりとりは禁止されている。

> 政治は国民のものだからこそ、政党の政治活動も、議員のためではなく国民みんなのために、正しくおこなわれなければいけないんだよ。

政治のしくみ　データを見てみよう①

日本では国民全員の願いの実現をめざすために、「選挙」がおこなわれています。
選挙には、どれくらいの人が参加しているのでしょうか。

政治ってなんだろう

低下する、選挙の投票率

国民が自分たちの代表を投票でえらぶ選挙は、民主主義にとって、もっとも大事なものの一つです。しかし近年、投票率はどんどん下がっています。約30年前までは70％前後あった衆議院議員総選挙の投票率は、現在では50％台にまで落ちこんでいます。

これまで、選挙に投票できるのは20歳以上と定められていましたが、2017年から、18歳以上に引き下げられました。若い世代が政治に関心をもち、身近に感じるようなとりくみを、さらに進めることがもとめられています。

衆議院議員総選挙の、投票率の移りかわり

資料：総務省

2017年の衆議院議員総選挙では10～30歳代の人の投票率は50％にもみたなかったんだ。

第 2 章
国の政治のしくみ

# 国の仕事をおこなう3つの機関

法律をつくったり、人を裁いたりする力を、自分勝手につかわれたら、国民はこまってしまいます。日本には、そのようなことをふせぐしくみがあります。

国の政治のしくみ

 権力を分散させる

悪い王様が、勝手なきまりをつくって人びとを苦しめたり、それを批判した人をつかまえて、ろうやにとじこめたりするおとぎ話があります。これは、王様一人だけが権力をもっているおとぎの国だからおこったことだといえるでしょう。

日本では、そういうことがおこらないよう、権力が分散されています。国民にえらばれた代表者だから、また裁判官だからといって、自分勝手なことをできないしくみです。

このしくみは、権力を大きく3つの立場に分け、その3つを別べつの組織がもつというものです。権力が3つに分かれているので、「三権分立」といいます。おたがいに対等な関係をたもち、一つの権力だけが勝手なことをしないよう、バランスをとっているのです。

だれか一人だけがえらくならないようにするのがたいせつなんだね。

3つの大きな権力

国がもつ大きな3つの権力のうちの一つは、法律をつくる力で、「立法権」とよばれます。国会(→22ページ)が、その力をもっています。

2つめは、法律にしたがってものごとをおこなう力で、「行政権」とよばれます。内閣総理大臣を中心とした内閣(→28ページ)がその力をもっています。

3つめは、人びとが法律にしたがっているかを判断して刑罰を加えたり、行政サービスや法律などが憲法に反していないかを判断したりする力で、「司法権」とよばれます。裁判所(→34ページ)が、その力をもっています。

これら3つの権力が独立し、おたがいの仕事が国民の利益をそこなうものになっていないか、チェックしあっているのです。

三権分立のしくみ

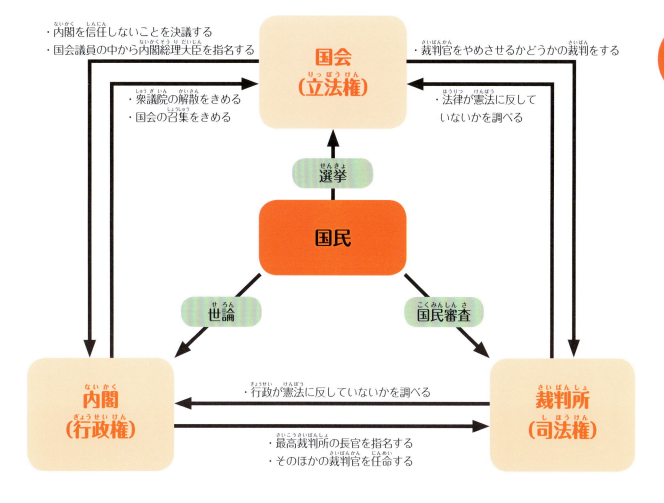

国の政治のしくみ

国会の仕事①
代表者が国の方針を話しあう

3つの大きな権力のうちの「立法権」をもつのが、「国会」です。国会とは、いったいどのようなところで、どんな役割をはたしているのでしょうか。

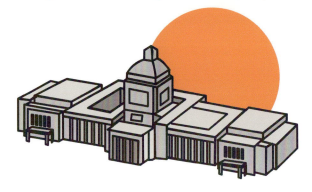

国の政治のしくみ

話しあいの場

クラスでなにかをきめるとき、学級会などをひらいて話しあいをしますね。同じように、国の政治をおこなう場合にも、話しあいをする場があります。それが国会です。国会は、日本全体のくらしについて話しあい、法律をつくったり、つくりかえたりする会議です。

憲法第41条では国会を、「国でもっとも決定力の大きな会議で、法律をつくることのできるたった一つの会議」として定めています。

国会での話しあいに参加するのは、選挙でえらばれた国会議員です。国会議員は国民の代表者なので、その議員が意見を言う機会が守られるように、国会のひらかれているあいだは犯罪をうたがわれても逮捕されないなど、特別な保護を受けることができます。

国会の種類と開催時期

種類	召集時期	開催期間
常会（通常国会）	毎年1回（1月）	150日間（延長は1回までで、衆議院と参議院のとりきめによる）
臨時会（臨時国会）	1. 内閣が要求した場合 2. 衆議院、参議院いずれかの総議員の4分の1以上の要求があった場合 3. 衆議院議員の任期満了による総選挙、参議院議員の通常選挙後	衆議院と参議院のとりきめによる（延長は2回まで）
特別会（特別国会）	衆議院の解散による総選挙後	

国民の代表者である国会議員が発言できないということは、その地域の人たちの意見が、政治に反映されないということになるのよ。

国会で話しあわれること

国会で話しあわれ、きめられることはたくさんありますが、重要なものの一つが、法律をつくるための話しあいです。新しくつくろうとしている法律に、憲法とのくいちがいがないか、国民の権利をうばったり、不公平になったりする点がないかなどを議論します。また、すでにある法律に修正が必要になった場合も、国会で話しあいます。

国のお金のつかいみち（予算）についての話しあいもあります。国民がおさめた税金などの国のお金を、なんのためにいくらつかうのかを話しあうのです。

そのほか、内閣総理大臣をきめること、外国とのとりきめ（条約）の内容を承認することなども、国会の重要な仕事です。最終的には、国会議員の多数決できめますが、話しあいを重ねることで、国のたいせつな決定に、さまざまな人の考え方が反映されるしくみになっているのです。

国の方針が話しあわれる国会議事堂は、日本の首都の東京都にある。

国の政治のしくみ

国会の会議のようすは、テレビでも放映されるね。

衆議院の会議で質問を受ける内閣総理大臣（右）。

国会の仕事② 2つの議会の役割

国会には、「衆議院」と「参議院」の2つの議会があります。なぜ2つも必要なのでしょう。また、2つの議会にはどのようなちがいがあるのでしょうか。

国の政治のしくみ

2つの国会で話しあう

計算問題などで、正しくとけたかどうか確認するために、友だちと答えあわせをしたことがありますか？　答えが同じだと、計算が正しかったと安心することができますね。

国会も、同じ議題について、メンバーのことなる2つの議会で、それぞれ話しあいをおこないます。国の法律や予算についての大事な話しあいで、まちがった結論やかたよった結果が出るとたいへんなので、2か所で話しあうのです。

2つの議会のうち、1つは衆議院、もう1つは参議院といいます。国会が2つの議院によって構成されているこのような政治のスタイルを、「二院制」といいます。

衆議院と参議院がそれぞれ独立して話しあい、両院が出した結論が一致すると、正式に国の決定となります。二院制は、2つの議会で答えあわせをして、自信をもって政治を進められるしくみなのです。

決定！

衆議院

参議院

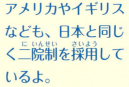
アメリカやイギリスなども、日本と同じく二院制を採用しているよ。

衆議院と参議院のちがい

2つの議会には、少しずつちがいがあります。まず、議員の数がちがいます。衆議院の定員が465名なのに対して、参議院は242名。参議院は衆議院の半分ほどの規模です。

議員の任期は、衆議院が4年、参議院が6年です。衆議院には解散制度（議員全員をえらびなおす制度）もあるので、議員の交代がひんぱんです。そのため、衆議院は、そのときの国民の意見や考えを反映しやすいといわれます。一方、参議院は、長く議員をつとめることで、落ちついて冷静な判断ができるといわれます。

予算案や内閣総理大臣の指名については、両院の結論が一致しないときには、衆議院の結論が優先的にあつかわれます。しかし、2つの院は基本的には対等で、おたがいの行きすぎをおさえたり、不十分なところをおぎなったりして、政治をバランスのよいものにしています。

国会議事堂を正面から見て、むかって左側が衆議院議場、右側が参議院議場だ。

国の政治のしくみ

衆議院と参議院　基礎データ

衆議院
議員定数：465人
任期：4年
選挙権（投票する権利）：満18歳以上
被選挙権（立候補する権利）：満25歳以上
解散：あり

参議院
議員定数：242人
任期：6年
選挙権：満18歳以上
被選挙権：満30歳以上
解散：なし

国会の仕事③
国会の会議のしくみ

法律や予算のような、国にとってたいせつなことは、どのようにきめられるのでしょうか。国会でおこなわれる会議のしくみを見てみましょう。

おおぜいできめる「本会議」

サッカーや野球などのスポーツでは、チーム全員が参加するミーティングがあり、チームの目標や戦術などを話しあったり、確認したりします。

国会にも同じように、議員全員が参加する会議があります。これを「本会議」といいます。法律や予算の案は本会議に提出され、議員から質問や問題点の指摘を受けます。質問と回答のやりとりの形で話しあいが進み、その案の内容が多くの議員が納得できるものになると、最終決定されます。

本会議は、議員全体の3分の1以上が出席しないと成立せず、さらに、出席者の過半数が賛成しないと、その案はみとめられせん。

法律や予算のような重要なことを、わずかな人だけできめてしまわない、また、反対する人の多い案が決定してしまわないしくみになっているのです。

国の政治のしくみ

本会議のおもな決定方法

賛成か反対かの多数決をとることを採決といいます。重要な議題では記名採決をおこない、議員は賛成の白票か、反対の青票の木札を投票します。

異議なし採決 異議があるかどうかをはかる方法

起立採決 賛成者に起立をもとめる方法

記名採決 名前を書いて投票する方法

専門的な内容を話しあう

国会の会議には、本会議のほかに、「委員会」があります。本会議がスポーツチームの全体ミーティングだとすると、委員会はポジションごとに分かれておこなうミーティングのようなものです。つまり、専門分野ごとにおこなう会議です。

衆議院と参議院の議長は、その法律案を考えるのにふさわしい担当の委員会をきめます。委員会は法律案をこまかく検討し、そこでまとめた結果を本会議の全員で話しあいます。委員会があることで、本会議ではたくさんの法律案を効率よく話しあうことができます。

委員会には、つねにおかれている「常任委員会」と、臨時におかれる「特別委員会」があります。常任委員会は、教育や外交など17の専門分野の委員会です。特別委員会は、災害対策など、そのときとくに重要と判断されたことを話しあいます。国会議員はかならず常任委員会のどれかに所属して、国民の代表として意見を出します。

法律ができるまで

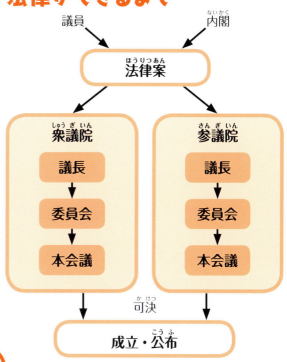

お金のつかいみち（予算）についての話しあいは、衆議院→参議院の順におこなわれる。

衆議院のおもな委員会

常任委員会
内閣委員会、総務委員会、法務委員会、外務委員会など、各省それぞれに対応するもの。
予算委員会、議院運営委員会、懲罰委員会など、すべての省に共通するもの。

特別委員会
災害対策特別委員会、政治倫理の確立及び公職選挙法改正に関する特別委員会 沖縄及び北方問題に関する特別委員会、北朝鮮による拉致問題等に関する特別委員会など。

衆議院で可決したけど参議院で否決された法律案は、必要に応じて両院協議会で再度話しあわれ、そこでおたがいが歩みよった案ができれば、また本会議にかけられるよ。

国の政治のしくみ

内閣の仕事①
内閣のしくみと役割

3つの大きな権力のうちの一つである「行政権」をもっている組織が、「内閣」です。内閣は、国の政治の中でどのような役割をはたしているのでしょうか。

国の政治のしくみ

国の行政組織のトップ

2011年におきた東日本大震災のあと、復興のためのさまざまな法律がつくられました。でも、法律ができただけでは、だれも助けることができなかったはずです。法律にしたがって、実際に道路をつくりなおしたり、補助金を出したりする仕事がおこなわれたのです。

国会できめられた法律や予算にしたがって国や地域のために仕事をすることを「行政」といいます。震災のあと、法律できめられたとおりに道路をなおしたり、補助金をくばったりしたのは、行政の仕事です。

行政を担当する国の組織はたくさんあり、国の仕事を分担して担当する省や庁などは、その代表的なものです。こうした行政組織をたばねるのが「内閣」という組織です。

内閣は行政組織のトップとして、行政の仕事に対する責任を負うよ。

各府省のトップの大臣たちを中心にした内閣のメンバー。前列中央が、内閣のリーダーである内閣総理大臣。

内閣がおこなう仕事

内閣は、国会できまったことがわたしたちのくらしにとどくように、実際の仕事をおこなう「作戦本部」のようなはたらきをします。

内閣を構成するのは、内閣総理大臣と国務大臣（→30～31ページ）です。国会で決定された法律や予算のためにしなければならない仕事を、どの組織が担当するかなどの方針をきめています。たとえば、震災復興の法律ができたら、それにもとづいて、「道路工事の計画は国土交通省にまかせよう」「農家へ補助金を出す仕事は農林水産省にまかせよう」というようなわりふりをおこなうのです。

内閣の仕事はそれだけではありません。たとえば法律や予算の案をつくって、国会に提出しています。日本の代表として、国会で承認された外国とのとりきめ（条約など）をむすぶのも内閣の仕事です。また、国会を召集したり、衆議院の議員をえらびなおす「解散」をきめたりすることもできます。

国の政治のしくみ

内閣がはたすおもな役割

国会でつくられた法律や予算を、正しく実行する。

法律や予算の案をつくって、国会に提出する。

外国とのとりきめ（条約）をむすぶ。

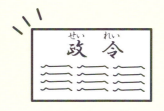

政令（憲法や法律を実現するためのルール）の内容を定める。

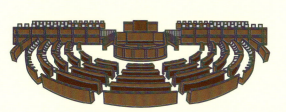

臨時国会を召集する。

裁判官を任命する。

内閣の仕事②
内閣総理大臣と国務大臣って？

「内閣総理大臣」ということばは、テレビや新聞で聞いたことがあると思います。でも、実際にどんな仕事をしているか、知っているでしょうか。

日本の行政の総責任者

内閣の責任者は、内閣総理大臣（首相）です。内閣は行政のトップなので、内閣総理大臣は日本の行政の総責任者ということになります。

内閣総理大臣は、国会で指名されてえらばれます。えらばれるとまず、いっしょに仕事をする国務大臣をえらんで、内閣をつくります。内閣でおこなわれる会議は「閣議」とよばれ、内閣総理大臣はこの閣議の議長をつとめます。閣議では、国会に提出する法律や予算の案をきめたり、国会できまったことを実現する仕事の基本方針などを話しあいます。

閣議では、内閣総理大臣と国務大臣の全員の意見を一致させてきめているんだよ。

いくら内閣総理大臣でも、一人の意見だけではきまらないんだね。

内閣総理大臣と国務大臣がおこなう閣議のようす。

国務大臣はどんな仕事？

　内閣のメンバーである国務大臣とは、どんな人たちでしょうか。国務大臣の人数は14人までとされ、とくに必要がある場合は17人までふやしてもよいことになっています*。

　内閣総理大臣は、仕事をうまくやってくれそうな人を国務大臣にえらびます。外交を担当する外務省、お金の管理を担当する財務省といった行政をおこなう省の大臣や、内閣総理大臣をすぐそばで助ける内閣官房長官などです。試合に出る選手をきめてポジションをわりふり、戦い方を指示するスポーツチームの監督のようなイメージです。

　えらばれた国務大臣は、内閣総理大臣とともに内閣ではたらき、行政のリーダーの一人として、国会で決定されたことを国民のくらしに役立てる仕事として具体化していきます。

＊東日本大震災からの復興の仕事を担当する復興庁と東京オリンピック・パラリンピック競技大会推進部があるあいだは、さらに2人ふやしてよいことになっている。

国の政治のしくみ

内閣を構成する大臣の例

```
           内閣総理大臣
```

	内閣官房長官	財務大臣	国土交通大臣
	内閣府特命大臣	文部科学大臣	環境大臣
国務大臣	総務大臣	厚生労働大臣	防衛大臣
	法務大臣	農林水産大臣	復興大臣
	外務大臣	経済産業大臣	国家公安委員長

内閣官房長官や国家公安委員長などの、「大臣」とつかない人も国務大臣だよ。

内閣の仕事③
国の仕事をおこなう省庁

内閣で話しあって方針がきめられた行政の仕事。いろいろな分野にわたるそれらの仕事を実際におこなうのが、このシリーズ全体で紹介する「省庁」です。

国の政治のしくみ

分野ごとに行政をおこなう

みなさんの学校には、委員会や係というものがあると思います。運動会のときに運営の仕事をする体育委員会や、飼育小屋のウサギや池の魚の世話をしてくれる飼育係。委員会や係では、学校のみんなのための仕事を、分野ごとに分けておこなっていますね。

国にも、委員会や係と同じように、分野ごとに分かれて仕事をする組織があります。代表的なものが「省」や「庁」とよばれる組織で、まとめて省庁といいます。

省庁は、行政の作戦本部である内閣の下で、分野ごとの仕事を受けもつ組織です。学校の運営などの教育の分野は文部科学省、病気の予防などの保健の分野は厚生労働省といったように分担して、国会できめられた法律や予算を、わたしたちのくらしに反映させる仕事をおこなっています。

わたしたちのまわりには、省庁がおこなっている仕事がたくさんあるんだね。

いろいろな省庁

2018年現在、日本には、内閣府と11の省があります。各省のリーダーは大臣で、国務大臣がつとめます。

庁は、省の中のとくに専門的な部門や特殊な部門を担当している組織です。なお、庁でも、復興庁は省には属さず、独立して内閣の下におかれ、内閣の直接の指示のもとで仕事をしています。宮内庁、金融庁なども省には属さず、内閣の下の内閣府という組織に属しています。

今の省庁の基本的なしくみは2001年につくられたもので、2007年には防衛省ができたよ。各分野の仕事がばらばらにならないように、くふうされているんだ。

こんなにたくさんの組織があるんだね。

国の政治のしくみ

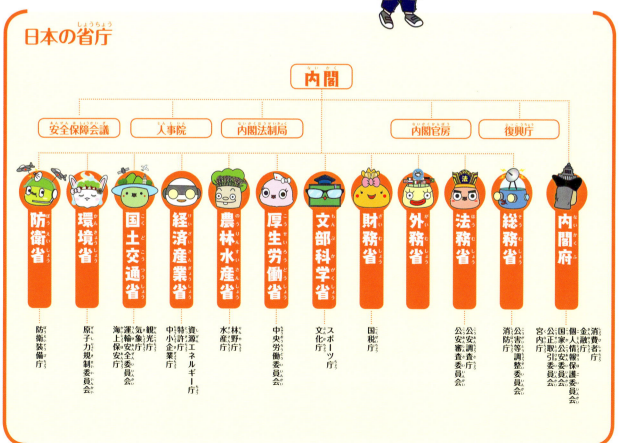

日本の省庁

内閣
- 安全保障会議
- 人事院
- 内閣法制局
- 内閣官房
- 復興庁

防衛省	防衛装備庁
環境省	原子力規制委員会
国土交通省	海上保安庁／運輸安全委員会／気象庁／観光庁
経済産業省	中小企業庁／特許庁／資源エネルギー庁
農林水産省	水産庁／林野庁
厚生労働省	中央労働委員会
文部科学省	文化庁／スポーツ庁
財務省	国税庁
外務省	
法務省	公安調査庁／公安審査委員会
総務省	消防庁／公害等調整委員会
内閣府	宮内庁／国家公安委員会／公正取引委員会／金融庁／消費者庁／個人情報保護委員会

裁判所の仕事①
もめごとを解決する裁判所

3つの大きな権力の一つ「司法権」は、法律にもとづいてものごとを解決する力です。そのおもな仕事である「裁判」とは、どのようなものなのでしょうか。

国の政治のしくみ

最高裁判所は「憲法の番人」

みなさんが、だれかにけがをさせられたり、持ちものをとられたりしたとします。治療費をはらってもらいたいし、持ちものを返してほしいけれど、相手は応じてくれません。どうしたらいいのでしょうか。

そんなときのために、「裁判」というしくみがあります。もめごとや犯罪を、法律にもとづいて解決したり、裁いたりするしくみです。

裁判は「裁判所」でおこなわれます。裁判所には「裁判官」がいて、もめごとの当事者や、犯罪の被害にあった人、犯罪をうたがわれている人の言い分を聞きます。そして、法律にもとづいて、もめごとの解決方法や、ほんとうに犯罪がおこなわれたかどうかの判断、罪をおかした人への罰などを決定します。

また、裁判所は、内閣、国会とならぶ国の重要な権力の一つとして、内閣がおこなう行政や国会で成立した法律が、憲法に違反していないかを調べ、判断をくだすというたいせつな仕事があります。とくに裁判所の中でもトップの最高裁判所がはたす役割は大きく、「憲法の番人」ともよばれています。

悪い人を裁くだけが、裁判所の仕事ではないんだね。

いろいろな裁判の種類

裁判には、刑事裁判、民事裁判、行政訴訟という種類があります。

刑事裁判は、人を殺したり、けがをさせたり、物をぬすんだりといった、法律で禁じられた犯罪行為をしたうたがいのある人を裁く裁判です。

民事裁判は、お金の貸し借りや、事故で物をこわしたなどの生活の中でおきるもめごとに決着をつける裁判です。

行政訴訟は、個人が、国や都道府県、市区町村などの公の機関によって権利をそこなわれたり、損害をあたえられたりしたときなどに、その取り消しなどをもとめる訴訟です。

裁判官は、刑事裁判なら刑法、民事裁判なら民法や商法、行政訴訟なら行政訴訟法など、それぞれの法律にもとづき、判断を下します。

刑事裁判の流れの例

- 警察が捜査し、容疑者を逮捕、取り調べをする。
- 事件だと判断すると、警察が検察庁に事件の処理をまかせる（送検）。
- 検察庁が取り調べをおこない、事件だと判断すると被疑者をうったえる（起訴）。

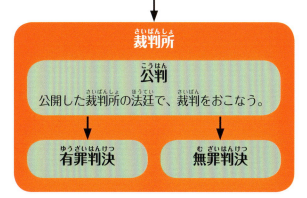

民事裁判の流れの例

- Aさんが B さんにお金を貸したけど、期限をすぎても返ってこない。

紛争が発生

- A さん（原告）が B さん（被告）をうったえる。

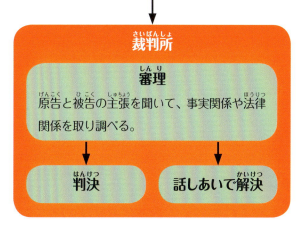

国の政治のしくみ

裁判所の仕事② いろいろな裁判所

裁判をおこなう裁判所には、いろいろな種類があります。日本にはどんな裁判所があって、それぞれどのような裁判をあつかっているのでしょうか。

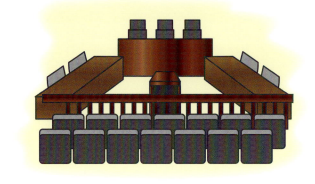

国の政治のしくみ

さまざまな裁判所

　裁判はまず、全国に50か所ある地方裁判所でおこなわれます。

　地方裁判所での判決、決定に不満があれば、全国に8か所ある高等裁判所で裁判を受けることができます。高等裁判所での判決、決定に納得できなければ、裁判所のトップ、全国に一つしかない東京の最高裁判所で裁判を受けることができます。

　そのほか、裁判所には、簡易裁判所と家庭裁判所があります。家庭裁判所は、離婚や財産の相続といった家庭のもめごとや、未成年者の法律違反などをあつかいます。簡易裁判所は、少額のお金の請求などにかかわるもめごとや、軽い罰金ですむ事件などをあつかいます。地方裁判所や高等裁判所などとくらべて手続きの一部が省略されているので、早く解決をすることができます。

最高裁判所と、全国の高等裁判所

上告 裁判を受けなおすしくみ

裁判所の決定には、かならずしたがわなければいけません。でも、裁判官によって判断が分かれるような、むずかしい決定もあります。

それによって裁判を受けた人がとりかえしのつかない損害を受けたり、権利をそこなわれたりしないように、同じことがらについて3回まで裁判をおこすことができる、「三審制」という制度が定められています。

三審制のしくみ

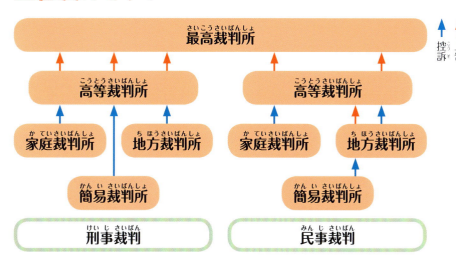

2度目の裁判をおこすことを「控訴」、3度目の裁判をおこすことを「上告」というんじゃ。

国の政治のしくみ

裁判員制度ってなに？

裁判官にならなくても、将来、みなさんも裁判をおこなうことがあるかもしれません。

日本では、2009年から裁判員裁判という制度がおこなわれています。裁判官とともに、国民（選挙権のある人）から抽選でえらばれた裁判員が、裁判に参加するという制度です。

裁判員があつかうのは、殺人事件や傷害事件などの重大な刑事事件です。国民に裁判に参加してもらうことで、犯罪に対する一般国民の感覚を、裁判にとりいれようというとりくみです。

こうした制度を通して、国民が法律や裁判のしくみに関心をもつことが望まれています。

裁判員にえらばれた人が仕事を休んで裁判に行けるように、企業などにも協力をもとめているよ。

政治のしくみ　データを見てみよう②

国会、内閣、裁判所は、それぞれ国の最高機関として、重要な役割をはたしています。さまざまなデータを見ていきましょう。

国会の多数派と少数派

24ページで見たように、国会には、衆議院と参議院の2つの議会があります。政権を担当し、ふつう議会の半分以上の人数が所属する多数派の政党を「与党」といい、少数派を「野党」といいます。与党は1つの政党だけとはかぎらず、複数の政党が協力して形づくる場合もあります。

国会議員が多く所属する与党は、国民の願いを実現する政治をおこなう必要があります。行政を担当する内閣のメンバーは、内閣総理大臣をはじめ、おもに与党の国会議員からえらばれます。いっぽう野党は、与党が自分勝手な政治をしないようにチェックする役目をはたしながら、次の選挙で多くの票を得て、与党になることをめざします。

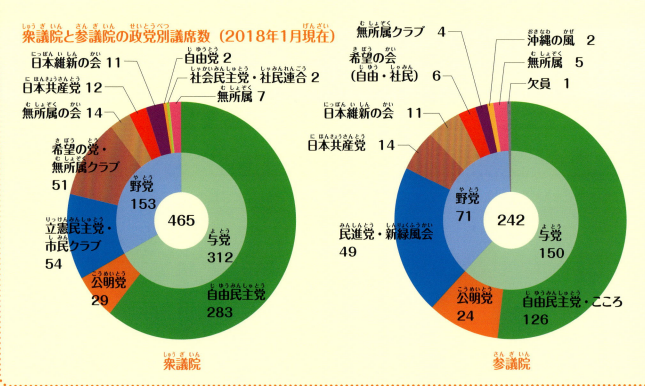

衆議院と参議院の政党別議席数（2018年1月現在）

衆議院　　参議院

内閣のリーダー、内閣総理大臣

　国の行政をおこなう内閣は、リーダーである内閣総理大臣と、各省の長などの国務大臣で構成されます（→30ページ）。日本に内閣制度ができた1885年から2017年までで、98代、のべ62人が内閣総理大臣となっていて、ふつう、内閣総理大臣には与党の党首が就任します。

　日本国憲法には、「国務大臣のうち半分以上は国会議員でなくてはならない」と定められています。内閣総理大臣と同じ与党に所属する国会議員が国務大臣になる場合が多いですが、民間の立場から内閣に参加して、国務大臣となる場合もあります。

戦後（1945年8月～）の歴代の内閣総理大臣

歴代	氏名	在職期間
43	東久邇宮稔彦王	1945.8～1945.10
44	幣原喜重郎	1945.10～1946.5
45	吉田茂	1946.5～1947.5
46	片山哲	1947.5～1948.3
47	芦田均	1948.3～1948.10
48	吉田茂	1948.10～1949.2
49	吉田茂	1949.2～1952.10
50	吉田茂	1952.10～1953.5
51	吉田茂	1953.5～1954.12
52	鳩山一郎	1954.12～1955.3
53	鳩山一郎	1955.3～1955.11
54	鳩山一郎	1955.11～1956.12
55	石橋湛山	1956.12～1957.2
56	岸信介	1957.2～1958.6
57	岸信介	1958.6～1960.7
58	池田勇人	1960.7～1960.12
59	池田勇人	1960.12～1963.12
60	池田勇人	1963.12～1964.11
61	佐藤栄作	1964.11～1967.2
62	佐藤栄作	1967.2～1970.1
63	佐藤栄作	1970.1～1972.7
64	田中角栄	1972.7～1972.12
65	田中角栄	1972.12～1974.12
66	三木武夫	1974.12～1976.12
67	福田赳夫	1976.12～1978.12
68	大平正芳	1978.12～1979.11
69	大平正芳	1979.11～1980.6
70	鈴木善幸	1980.7～1982.11
71	中曽根康弘	1982.11～1983.12
72	中曽根康弘	1983.12～1986.7
73	中曽根康弘	1986.7～1987.11
74	竹下登	1987.11～1989.6
75	宇野宗佑	1989.6～1989.8
76	海部俊樹	1989.8～1990.2
77	海部俊樹	1990.2～1991.11
78	宮澤喜一	1991.11～1993.8
79	細川護熙	1993.8～1994.4
80	羽田孜	1994.4～1994.6
81	村山富市	1994.6～1996.1
82	橋本龍太郎	1996.1～1996.11
83	橋本龍太郎	1996.11～1998.7
84	小渕恵三	1998.7～2000.4
85	森喜朗	2000.4～2000.7
86	森喜朗	2000.7～2001.4
87	小泉純一郎	2001.4～2003.11
88	小泉純一郎	2003.11～2005.9
89	小泉純一郎	2005.9～2006.9
90	安倍晋三	2006.9～2007.9
91	福田康夫	2007.9～2008.9
92	麻生太郎	2008.9～2009.9
93	鳩山由紀夫	2009.9～2010.6
94	菅直人	2010.6～2011.9
95	野田佳彦	2011.9～2012.12
96	安倍晋三	2012.12～2014.12
97	安倍晋三	2014.12～2017.11
98	安倍晋三	2017.11～

日本を指導した、歴代のリーダーたちだよ。

裁判所があつかう事件や問題

35ページで見たように、裁判所では、刑事裁判、民事裁判、行政訴訟という裁判をあつかいます。

もっとも多いのは、お金の貸し借りや、事故などが原因でおきたトラブルを解決するための民事裁判です。次に多いのは、法律に反する犯罪をおかした人を裁く刑事裁判です。

裁判所には、このような裁判のほかに、内閣の行政や、国会でできた法律が憲法に反していないかをチェックして、審査・判断する権利があります。最高裁判所がもっているこのような権利を「違憲立法審査権」といい、法律が憲法に反していると判断された例は、2018年1月までに10件あります。

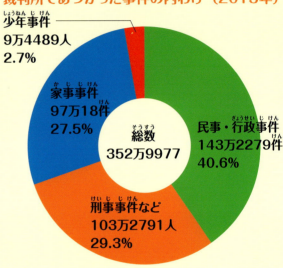

裁判所であつかった事件の内わけ（2015年）

- 少年事件 9万4489人 2.7%
- 家事事件 97万18件 27.5%
- 民事・行政事件 143万2279件 40.6%
- 刑事事件など 103万2791人 29.3%
- 総数 352万9977

民事・行政事件と家事事件は件数、刑事事件などと少年事件は人数をしめす。家事事件は家庭内でのもめごと、少年事件は20歳未満の少年少女の犯罪などをさす。　資料：裁判所司法統計

最高裁判所が憲法に反すると判断した例

判決年	内容
1973年	直系尊属（父母・祖父母など）を殺した罪に対する刑が死刑か無期懲役しかないという法律が重すぎると判断され、削除された。
2005年	外国に住んでいる日本人の選挙権が限定されていることが、憲法に反していると判断。「在外選挙権名簿」に登録すれば、日本に住んでいる人と同じように選挙に参加できるようになった。
2008年	日本人の父と外国人の母のあいだに生まれ、生前に父から自分の子とみとめられていない子どもは、両親が結婚していない場合は日本国籍を得られないとされていたことを、憲法に反すると判断。そのような子どもも、日本国籍を得られるようになった。
2015年	女性が離婚してから再婚できるまでの期間が6か月とされているのを、長すぎると判断。再婚禁止期間が100日に短縮された。

最高裁判所は、いろいろなむずかしい判断を、よく考えてくだしているんだね。

第3章
地方の政治のしくみ

自分たちで、まちを運営する

くらしやすいまちとはどんなところ？　その答えは、地域によってちがう場合があります。地域ごとの望みをかなえる政治のしくみはあるのでしょうか。

地方の政治のしくみ

地域ごとにおこなう政治

人にそれぞれ個性があるように、地域にも個性があります。自然がゆたかな地域、工業がさかんな地域、お店や文化施設が多い地域など、それぞれちがう個性をもっています。

地域の特徴がことなると、住民に必要なルールやサービスもちがってきます。そこで、自分たちの地域のことは自分たちできめようという考え方が生まれました。これを「地方自治」といいます。国の政治から独立した、地域による政治です。

地方自治をおこなう団体を「地方自治体（自治体、地方公共団体）」といいます。地方自治体の種類は、小さいものには市区町村があり、大きいものには都道府県があります。

地方自治では、選挙でえらばれた首長（都道府県知事、市区町村長）や地方議会の議員が話しあい、地域のお金のつかいみち（予算）や、条例というその地域のルールをきめます。

地方自治のしくみ

首長を住民が選挙でえらぶのが、国の政治との大きなちがい。それ以外の基本的なしくみは、国の政治とそれほどかわりません。

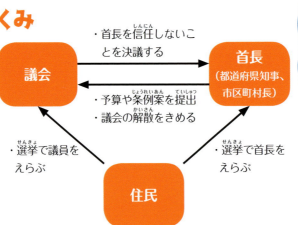

> 行政をおこなう省庁の役割は、都道府県庁と市区町村の役所・役場がになうよ。

国の行政と連携する

　地方自治によって地域の住民の希望がかなえられるのはよいことですが、そのいっぽう、地方自治では、地方自治体ごとに予算などがことなるため、行政サービスの質や量に差が出てしまいます。日本国憲法では、国民の権利は平等でなくてはならないと定めているので、地方自治体の行政サービスに大きなちがいがあることは問題です。

　そうした問題をなくすため、国は、地方自治体の予算やルールづくりの考え方を、法律できめています。そして、国の基準やルールから大きくはずれている場合は、地方自治体に見直しをするようアドバイスをおこないます。

　こうした国の行政との連携によって、地方自治体は憲法に定められた平等を守りながら、地域の要望にあった行政を実現しているのです。

運営のお金はどこから入る？

　国と同じように、地方自治体を運営するのにも、たくさんのお金が必要です。そのお金は住民が、住んでいる地方自治体にしはらう税金（地方税）でまかなわれています。しかし、人口の少ない小さなまちでは、税金収入も少なく、行政サービスをおこなうための十分なお金が確保できないことがあります。

　そこで国は、地方自治体の大きさに応じてお金（地方交付税交付金）を出し、地方自治による行政サービスが、どの地域でも最低限度の質と量をたもつことができるように手助けをしています。

地方の政治のしくみ

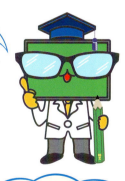

最近は、自分の住んでいる地方自治体以外にも税金をしはらうことができる「ふるさと納税」というしくみもあるよ。

自分が生まれたまちや思い入れのあるまちを応援できるんだね。

地方自治体の議会の役割

規模や特徴もさまざまな地方自治体にも、国と同じように議会があります。そうした地方自治体の議会の仕事は、どのようなものなのでしょうか。

地方の政治のしくみ

ルール その地域のルールをきめる

国でいう国会（→22ページ）にあたる、地方自治体の機関が地方議会です。地方議会の仕事は、話しあってお金のつかいみち（予算）を決定したり、その地方自治体のきまりである条例をつくったりすることです。

国会でつくられる法律が日本全国を対象にしているのに対して、条例は、その地方自治体のみで効力をもつきまりごとです。条例によって、国の仕事にかかわらない分野に関するルールをきめることができますが、法律に反するような条例を定めることはできません。

「自分のすむまちのことは、自分たちできめる」というのが地方自治の考え方だよ。

地方議会のようす（三重県の津市議会）。

地方自治体の条例の例

受動喫煙防止条例
病院などの公共の空間・施設で、全面禁煙や分煙施設をつくることを義務づける条例

個人情報保護条例
地方自治体でとりあつかう住民の個人情報を守るための条例

青少年保護育成条例
青少年を保護するため、有害な図書の販売を規制したり、夜間外出を制限したりする条例

地方議会と国会のちがい

地方議会には、国会とちがう点もあります。国の行政の長である内閣総理大臣は国会議員の中からえらばれます。それに対して、地方では、行政の長である都道府県知事や市区町村長は、住民が直接選挙でえらびます。行政の長が地方議会からえらばれた人ではないため、行政と議会の権力がはっきり分かれています。

そのため議会は、議会のきめた方針やルールを行政が正しく守っているかを確認する「検査権」をもっています。検査権は、地方議会の議員が、地方行政の仕事の進め方や管理、予算の内容などが議会の考え方にそっているかなどを調べる権利です。

また地方議会には、住民からの地方自治体への要望を請願書・陳情書として受けとるしくみもあります。議会は、要望の内容をよく考えて、対応を行政に指示します。さらに地方議会は、政府や国会に意見書を出すことができ、こうした意見が国の政策に影響をあたえることもあります。

このように地方議会には、住民の意思や要望を行政に反映させられるように、さまざまなしくみがととのえられているのです。

議会と行政の長との関係が、国と地方自治体とではことなるんだね。

地方の政治のしくみ

国の場合

国の行政の長は、国会議員の中から指名された内閣総理大臣。

地方自治体の場合

地方自治体の行政の長は、住民が直接選挙でえらぶ。

住民の声を政治にとどける

地域の特徴を反映させることを目的とした地方自治においては、住民の声が政治にとどくことがたいせつです。そのために、さまざまなしくみがととのえられています。

地方の政治のしくみ

住民が政治に参加するには

住民が政治に参加する方法には、さまざまなものがあります。

もっとも一般的なのは、選挙で投票することです。自分の考えや希望を実現してくれそうな議員をえらぶことで、政治に自分の意見を反映させることができます。また、45ページで見たように、地方議会に要望を伝える請願書・陳情書を提出して、検討をお願いするという方法もあります。

これらは、意見を議員などにいったんあずけ、実現にむけた活動をおこなってもらおうという、間接的な方法です。

住民が政治に参加する方法

自分の考えに近い議員に、選挙で投票する。

地方議会に、請願書や陳情書を提出する。

地方政治では、選挙以外にも政治参加の方法があるのよ。

直接的に声をとどける

地方自治には、さらに直接的に住民が政治に参加できる権利もあります。これは「直接請求権」といわれるもので、住民が政治や行政に対して不満があるとき、それを議会や首長に伝えることができます。

たとえば、有権者の3分の1以上の署名が集まれば、都道府県の知事や市区町村長をやめさせるための投票がおこなわれます。このように一定の人数の住民の署名を受けとったら、議会や首長は請求を無視できません。議会で話しあったり、投票で住民の意見を聞いたりして、どうするかを決定します。

直接請求に必要な署名と請求先

内容	必要な署名	請求先
条例を定める、または廃止する	有権者の50分の1以上	首長
仕事をチェックする		監査委員
議会の解散	有権者の3分の1以上*	選挙管理委員会
議員・首長の職をとく		
副知事、副市長村長など、主要な職員の職をとく		首長

＊人口の多い市では、少し条件がゆるめられる。

住民の要求が議会や首長を動かす直接請求権というしくみは、国の政治にはない、地方政治独自のものです。

地方の政治のしくみ

直接請求できる内容の例

条例を定めたり、改正したり、廃止したりすること。

地方自治体の仕事の進め方やお金のつかい方が正しいか調べること。

地方議会を解散すること。

地方自治体の首長、議員などをやめさせること。

直接請求権は、住民が直接政治に参加できるたいせつな権利なんだね。

市区町村の役割

わたしたちが行政サービスを受ける、いちばん小さな単位の地方自治体が、市区町村です。市区町村は、地域の住民のために、どのような仕事をしているのでしょうか。

地方の政治のしくみ

 住民の一生をサポート

　市区町村がおこなうさまざまな行政サービスは、わたしたちが生まれてから命を終えるまでの一生にわたっておこなわれます。

　赤ちゃんが生まれるとすぐに、市区町村役場で戸籍に氏名が登録されます。赤ちゃんは、保健所などで定期的に健康チェックが受けられます。両親が仕事をしている家庭であれば、子どもを保育園にあずけることができますが、保育園の運営には市区町村がかかわっています。子育てをする家庭には、お金が支給されます。公立の小学校、中学校では学費はかかりません。市区町村の行政サービスが、子どもの成長を守り、支援しているのです。

　また、おとなになっても行政の支援はつづきます。障がいがある人や、事情があってはたらけない人には、生活のためのお金を支給する制度があり、お年よりの介護をする制度もあります。介護保険料の運営なども、市区町村がおこないます。

こうした行政サービスを受けられることも、国民一人ひとりがもっているたいせつな権利だよ。

市区町村の役場は、わたしたちのくらしにもっとも身近な公の窓口として、たくさんの仕事をしている。

市区町村のおもな仕事

住民登録、戸籍の管理

消防の仕事

高齢者、障がい者、児童への福祉

国民健康保険の事務

市区町村立の小学校の設置

市区町村の道路の管理

地方の政治のしくみ

住民の情報を管理する「戸籍」「住民票」

　市区町村役場の仕事の中で、とくにたいせつなものに「住民票」と「戸籍」の管理があります。

　「住民票」は、自分が今どこに住んでいるかを証明する書類です。「戸籍」は、住民がいつ、だれから生まれたかがわかる書類で、法務省がつくった管理のルールにそって、市区町村が管理をしています。

　自分のことを証明できないと、行政サービスを受けられなくなるおそれがあります。これらの書類をもとに、わたしたちは日本の国民、地域の住民としてみとめられ、さまざまな行政サービスを受けることができます。

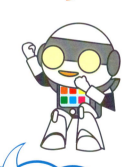

市区町村でおこなう行政サービスは、くらしになくてはならない土台なんだね。

都道府県の役割

大きな地方自治体である都道府県は、地域にくらす住民のために、どのような仕事をしているのでしょうか。仕事の内容を、くわしく見ていきましょう。

地方の政治のしくみ

広い地域での地方自治

となりの町に行こうとしたら、町の境目で道路がぷっつりと切れていた。公立の高校に進学したいけれど、市内には市立高校が1つしかなくて、学科がえらべない……。そんなくらしは不自由ですね。

地方自治は、地域の特色を生かした政治をおこないますが、小さな範囲の市区町村では提供できない行政サービスがあります。そうした、地域の住民が広い範囲で活動するときに必要になるもの、多様な要望にこたえるものを整備するのが、都道府県の役割です。

都道府県は、国がおこなうには小さく、市区町村がおこなうには大きい行政サービスを、受けもっているんだね。

東京都庁。1400万人近い人口をかかえる東京都では、それだけ都がはたす役割も大きい。

生活に必要な場所を管理

都道府県の仕事は、どんなものがあるのでしょうか。たとえば、警察の仕事や、都道府県立の病院や学校の設置・運営は、都道府県がおこなっています。くらしに必要な組織や施設でも、近くの市区町村で同じものがたくさんあると、お金もエネルギーもむだになってしまうことがあります。そこで、近隣の市区町村の住民がみんなでつかえる組織や施設を、都道府県がもうけているのです。

また、市区町村ごとにとぎれていたら不便なものも、都道府県が整備、管理をしています。たとえば、道路、河川、海岸などです。道路には国や市区町村がつくる道路もありますが、都道府県は地域内をつなぐ都道府県道をつくっています。

都道府県の行政は、市区町村の援助をしながら、地域全体をつなぎ、まとめているのです。

市区町村のおもな仕事
- 警察の仕事
- 都道府県の道路の管理
- 都道府県立病院の設置と運営
- 都道府県立の大学・高校・中学校の設置と運営
- 国や市区町村で管理しない河川の管理

私立の高校・中学校・小学校の認可も、都道府県がおこなう仕事だよ。

政治のしくみ　データを見てみよう③

都道府県や市区町村という地方自治体がたくさん集まって、日本という国はなりたっています。
国の政治を考えるうえでも、地方の政治はたいへん重要です。

地方の政治のしくみ

人口もさまざまな地方自治体

日本全国に、都道府県は47、市町村と東京都の特別区をあわせた数は1741あります（2017年10月現在）。面積や人口がことなるのはもちろん、さかんな産業の種類や、土地の風景もちがいます。

このようなそれぞれの個性を大事にしながらも、住んでいるまちによって住民の権利や受けられる行政サービスが不公平になったりしないように、地方自治体の共通のルールが定められています。

同じ都道府県や市区町村でも、こんなにちがうんだね！

都道府県の人口（2017年）

多い

1	東京都	1353万53人
2	神奈川県	915万5389人
3	大阪府	886万1437人
4	愛知県	753万2231人
5	埼玉県	734万3807人

少ない

1	鳥取県	57万5264人
2	島根県	69万6382人
3	高知県	73万2535人
4	徳島県	76万4213人
5	福井県	79万4433人

市区町村の人口（2017年）

多い

1	横浜市（神奈川県）	373万5843人
2	大阪市（大阪府）	269万1425人
3	名古屋市（愛知県）	227万9194人
4	札幌市（北海道）	194万7494人
5	神戸市（兵庫県）	154万6255人

少ない

1	青ケ島村（東京都）	160人
2	御蔵島村（東京都）	303人
2	利島村（東京都）	315人
4	粟島浦村（新潟県）	353人
5	三島村（鹿児島県）	379人

資料：いずれも総務省「住民基本台帳に基づく人口、人口動態及び世帯数調査」

政治のしくみ なんでもQ&A

これまでのページで学んだこと以外にも、日本の政治について、いろいろな疑問をたずねてみましょう。

内閣総理大臣には、どうやったらなれるの？

内閣総理大臣は国会議員の中からえらばれるので、まずは国会議員になることが必要だね。衆議院は25歳以上、参議院は30歳以上の日本国民が、選挙に出る権利をもつときめられているよ。

日本で国会は、いつできたの？

大日本帝国憲法が公布された翌年の1890年に、第1回帝国議会がひらかれたのが国会のはじまり。当時は衆議院と貴族院の2つの議会があって、選挙でえらばれていたのは衆議院議員だけだったんだよ。

日本国憲法の前にあった憲法は、今とどうちがったの？

日本で最初の憲法は、1889年に公布された大日本帝国憲法じゃ。国民ではなく天皇が主権をもつと定められていたことや、選挙権が大きく制限されていたことなどが、今との大きなちがいだったんじゃ。

国と地方自治体の大きなちがいってなに？

地方自治体は、通貨（お金）に関することや裁判のしくみなど、国全体の政治にかかわるようなルールはつくれないのよ。でも最近は、地方自治体のできることがどんどんふえているよ。

地方の政治のしくみ

政治のこと、もっと知りたいなら

政治のしくみをさらに深く知りたい人のために、政治について説明した本やホームページ、見学できる施設などを紹介します。

わからないことは、施設の人に問い合わせてみるのもいいね。

オススメの本

『よくわかる選挙と政治』

福岡政行／監修
PHP研究所

18歳で選挙権を得る前に、小・中学生のころから知っておくべき政治のルールや知識を、わかりやすく紹介した本。

オススメのホームページ

参議院　キッズページ
http://www.sangiin.go.jp/japanese/kids/index.html
国会でおこなう仕事や法律のしくみ、さまざまな豆知識まで、いろいろなことがわかる。

わくわく！こども大百科
社会科資料館　6年生：政治
http://kids.kobun.co.jp/shiryokan/seiji
政治のしくみやはたらき、日本国憲法の考え方やくらしとのかかわりなどを解説。

オススメの施設

国会議事堂（参議院）
日本の政治の中心である国会議事堂。その参議院を、平日ならだれでも見学できる。10人以上の見学の場合、予約が必要。
住所：東京都千代田区永田町1-7-1
電話：03-5521-7445

参議院議長が客をもてなす応接室。

憲政記念館
1970年に、国会開設80周年を記念してつくられた施設。国会のしくみや、近代の政治の歴史に関する展示が充実している。
住所：東京都千代田区永田町1-1-1
電話：03-3581-1651

地方の政治のしくみ

さくいん

あ
委員会 ・・・・・・・・・・・・・・・・・・ 27
違憲立法審査権 ・・・・・・・・・・ 40
一般選挙 ・・・・・・・・・・・・・・・・ 15

か
閣議 ・・・・・・・・・・・・・・・・・・・・ 30
家庭裁判所 ・・・・・・・・・・・・ 36、37
簡易裁判所 ・・・・・・・・・・・・ 36、37
期日前投票 ・・・・・・・・・・・・・・ 15
基本的人権 ・・・・・・・・・・・・ 11、12
行政権 ・・・・・・・・・・・・・・・・ 21、28
行政サービス ・・・・・・・・ 8、9、48、
　　　　　　　　　　　　　　 49
行政訴訟 ・・・・・・・・・・・・・・ 35、40
刑事裁判 ・・・・・・・・・・・・ 35、37、40
検査権 ・・・・・・・・・・・・・・・・・・ 45
憲法 ・・・・・・・・・・・・・・・ 10、11、53
公職選挙法 ・・・・・・・・・・・・・・ 17
高等裁判所 ・・・・・・・・・・・・ 36、37
国事行為 ・・・・・・・・・・・・・・・・ 13
国政選挙 ・・・・・・・・・・・・・・・・ 15
国民主権 ・・・・・・・・・・・・・・ 11、13
国民審査 ・・・・・・・・・・・・・・・・ 21
国務大臣 ・・・・・・・・・・・・ 29、30、31、
　　　　　　　　　　　　　　 39
戸籍 ・・・・・・・・・・・・・・・・・・・・ 49
国会議員 ・・・・・・・・・・・・ 15、22、38
国会議事堂 ・・・・・・・・・・・・ 23、25

さ
最高裁判所 ・・・・・・・・・・ 34、36、37、
　　　　　　　　　　　　　　 40
再選挙 ・・・・・・・・・・・・・・・・・・ 15
裁判員制度 ・・・・・・・・・・・・・・ 37
裁判官 ・・・・・・・・・・・・・・・・・・ 34
参議院 ・・・・・・・・・・・・・・ 24、25、27、
　　　　　　　　　　　　　　 38
三権分立 ・・・・・・・・・・・・・・ 20、21
三審制 ・・・・・・・・・・・・・・・・・・ 37
市区町村長 ・・・・・・・・・・・・・・ 45
自治体 ▶地方自治体
司法権 ・・・・・・・・・・・・・・・・ 21、34
衆議院 ・・・・・・・・・・・・・・ 24、25、27、
　　　　　　　　　　　　　　 38
住民票 ・・・・・・・・・・・・・・・・・・ 49
首相 ▶内閣総理大臣
省庁 ・・・・・・・・・・・・・・・・・・ 32、33
常任委員会 ・・・・・・・・・・・・・・ 27
条例 ・・・・・・・・・・・・・・・・・・・・ 44
政党 ・・・・・・・・・・・・・・・・・・ 16、17
政党交付金 ・・・・・・・・・・・・・・ 17
選挙 ・・・・・・・・・・・・・・・ 14、15、18
総選挙 ・・・・・・・・・・・・・・・・・・ 15

た
大日本帝国憲法 ・・・・・・・・・・ 53
地方議会 ・・・・・・・・・・・・・・ 44、45
地方公共団体 ▶地方自治体
地方交付税交付金 ・・・・・・・・ 43
地方裁判所 ・・・・・・・・・・・・ 36、37
地方自治 ・・・・・・・・・・・・・・・・ 42
地方自治体 ・・・・・・・・・・ 42、43、44、
　　　　　　　　　　　　　　 45、52
地方選挙 ・・・・・・・・・・・・・・・・ 15
直接請求権 ・・・・・・・・・・・・・・ 47
通常選挙 ・・・・・・・・・・・・・・・・ 15
統一地方選挙 ・・・・・・・・・・・・ 15
投票率 ・・・・・・・・・・・・・・・・・・ 18
特別委員会 ・・・・・・・・・・・・・・ 27
特別選挙 ・・・・・・・・・・・・・・・・ 15
都道府県知事 ・・・・・・・・・・・・ 45

な
内閣総理大臣 ・・・・・・・・ 23、29、30、
　　　　　　　　　　　　 31、38、39、
　　　　　　　　　　　　　　 53
二院制 ・・・・・・・・・・・・・・・・・・ 24
日本国憲法 ・・・・・・・・・・ 11、12、13

は
ふるさと納税 ・・・・・・・・・・・・ 43
平和主義 ・・・・・・・・・・・・・・ 11、13
補欠選挙 ・・・・・・・・・・・・・・・・ 15
本会議 ・・・・・・・・・・・・・・・・ 26、27

ま や ら
民事裁判 ・・・・・・・・・・・・ 35、37、40
野党 ・・・・・・・・・・・・・・・・・・・・ 38
与党 ・・・・・・・・・・・・・・・・・・ 38、39
立法権 ・・・・・・・・・・・・・・・・ 21、22

監修 出雲 明子（いずも あきこ）

1976年、広島県生まれ。国際基督教大学大学院行政学研究科博士課程修了。博士（学術）。現在、東海大学政治経済学部准教授。専門は、行政学および公務員制度論。おもな著書に、『公務員制度改革と政治主導―戦後日本の政治任用制』（東海大学出版部）、『はじめての行政学』（共著、有斐閣）など。

キャラクターデザイン・イラスト いとうみつる

編集・制作 株式会社アルバ
執筆協力 根本徹、そらみつ企画
表紙・本文デザイン ランドリーグラフィックス
DTP スタジオポルト
写真協力 海上保安庁、須賀川市、津市、アフロ、pixta

いちばんわかる！日本の省庁ナビ 1
政治のしくみ

2018年4月 第1刷発行

【監　修】出雲明子
【発行者】長谷川 均
【編　集】堀 創志郎
【発行所】株式会社ポプラ社
　　　　〒160-8565　東京都新宿区大京町22-1
　　　　電　話：03-3357-2212（営業）03-3357-2635（編集）
　　　　振　替：00140-3-149271
　　　　ホームページ　www.poplar.co.jp（ポプラ社）
【印刷・製本】大日本印刷株式会社

ISBN 978-4-591-15725-1　N.D.C.310　55P　25cm　Printed in Japan
落丁・乱丁本は、送料小社負担でお取り替えいたします。小社製作部宛にご連絡ください。電話：0120-666-553　受付時間：月～金曜日9：00～17：00（祝日・休日は除く）。本書のコピー、スキャン、デジタル化等の無断複製は著作権法上での例外を除き、禁じられています。本書を代行業者等の第三者に依頼してスキャンやデジタル化することは、たとえ個人や家庭内での利用であっても著作権法上認められておりません。

全7巻
監修／出雲明子

いちばんわかる！日本の省庁ナビ

1. **政治のしくみ** N.D.C.310
2. **内閣府・総務省** N.D.C.317
3. **法務省・外務省** N.D.C.317
4. **財務省・文部科学省** N.D.C.317
5. **厚生労働省・農林水産省** N.D.C.317
6. **経済産業省・国土交通省** N.D.C.317
7. **環境省・防衛省** N.D.C.317

- 小学高学年以上
- 各55ページ
- セット N.D.C.317
- A4変型判
- オールカラー
- 図書館用特別堅牢製本図書

★ポプラ社はチャイルドラインを応援しています★

こまったとき、なやんでいるとき、
18さいまでの子どもがかけるでんわ
チャイルドライン®
0120-99-7777
ごご4時〜ごご9時　＊日曜日はお休みです
電話代はかかりません　携帯・PHS OK

ナイカくん

内閣府

ソームぴょん

総務省

ホーム

法務省

こうろうママ

厚生労働省

経済産業省

ケイサンダー

農林水産省

ノースイじい